1re année

Vaincre les difficultés de la dictée

Lucien Wielemans

Instituteur

Illustrations : Daniel Bron

LABOR EDUCATION

Dictée 1

1. Recopie 3 fois les mots suivants:

papa . . . .

. . . .

maman . . . .

. . . .

madame . . . .

. . . .

2. Recopie la phrase qui correspond le mieux à chaque dessin:

- bébé dort.
- bébé rit.
- bébé pleure.

. . . .

. . . .

. . . .

3. Écris sous le dessin qui correspond:

papa, maman, ou bébé.

4. Écris ta dictée:
(Voir p. I)

et

5. Recopie 2 fois les mots fautifs de ta dictée:

Dictée 2

1. Des petits mots à bien connaître. Recopie-les 5 fois:	je tu il elle ....
2. Complète les phrases par: mal, vite ou plus.	 Elle va. . . . .  Il va . . . . vite.  Il a . . . .

3. Écris à la bonne place: voiture, avion ou vélo.		 . . . .

4. Écris ta dictée:	. . . . que	
5. Écris 2 fois les mots fautifs de ta dictée:	. . . .	. . . .

Dictée 3

1. Recopie 1 fois les mots de l'exercice 3 de la page 5:	. . . .
2. Écris la phrase qui correspond au dessin:	- il boit. - il lit. - il chante.

. . . .

. . . .

. . . .

3. Épris sous chaque dessin le nom qui convient:

- une dame
- un homme
- un enfant.

. . . .

. . . .

4. Écris ta dictée:

. . . . et.

. . . .

5. Recopie 2 fois les mots fautifs de ta dictée:

. . . .

. . . .

. . . .

. . . .

. . . .

Dictée 4

1. Recopie les mots de l'exercice 3 de la page 7:

. . . .

. . . .

. . . .

2. Écris la phrase qui correspond le mieux au dessin:

- la balle est sur l'armoire.
- la balle est sous l'armoire.
- la balle est dans l'armoire.

. . . .

. . . .

. . . .

. . . .

. . . .

. . . .

3. Recopie 3 fois chaque mot:	dans sur sous . . . .
4. Écris sous chaque dessin le mot qui convient. - la balle - l'armoire - la table.	  . . . .  . . . .
5. Écris ta dictée:	. . . . et . . . .
6. Recopie 2 fois les mots fautifs de ta dictée dans ton cahier.	

Dictée 5

1. Recopie les mots de l'exercice 4 de la page 9:	. . . .
2. Écris la phrase qui correspond au dessin:	- Il est venu avec son chien. - Il est venu en auto. - Il est venu à cheval.

. . . .

. . . .

. . . .

. . . .

. . . .

. . . .

3. Recopie 3 fois chaque mot:	avec en son . . . .
4. Écris sous le dessin qui correspond: chien, auto ou cheval.	  . . . .  . . . .
5. Écris ta dictée.	. . . .
6. Recopie 2 fois les mots fautifs de ta dictée dans ton cahier.	

Dictée 6

1. Recopie les mots de l'exercice 4, page 11:	....
2. Des mots à bien connaître. Recopie-les 5 fois:	il y a ici pour ....
3. Écris la phrase qui correspond à chaque dessin:	- Ici, il y a un os pour le chien. - Ici, il y a un cadeau pour le garçon. - Ici, il y a un bonbon pour la fille.

....
....

....
....

4. *Écris sous chaque dessin:*

- garçon
- fille
- cadeau
- bonbon

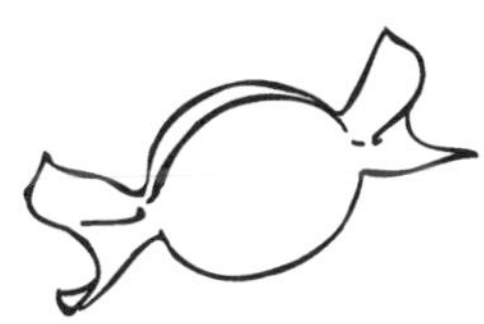

5. *Écris ta dictée:*

6. *Recopie 2 fois les mots fautifs de ta dictée:*

Dictée 7

1. Des petits mots à bien connaître. Recopie-les 5 fois:

qui	me	ou
....	....	....
....	....	....
....	....	....
....	....	....
....	....	....

2. Recopie la phrase qui correspond au dessin:

- Il y a une vache qui mange.
- Il y a un oiseau qui vole.
- Il y a un chat qui joue.

....

....

....

....

....

....

3. Recopie les mots de l'exercice 4, page 13:

....

....

4. Écris le nom de chaque animal:

chat, chien, oiseau, vache.

....

....

5. Recopie 3 fois les mots suivants.

il mange	elle vole	on dort
....	....	....
....	....	....
....	....	....

6. Écris ta dictée:

....

....

Dictée 8

1. Des petits mots à bien connaître. Recopie-les 5 fois:	oui non alors
2. Écris la phrase qui correspond au dessin:	- C'est un gros camion. - C'est un grand bateau. - C'est un petit vélo.

3. Recopie les mots de l'exercice 4, page 15:	. . . .	. . . .
	. . . .	. . . .
4. Recopie 3 fois les mots suivants:	gros	grand
	. . . .	. . . .
	. . . .	. . . .
	. . . .	. . . .
	petit	camion
	. . . .	. . . .
	. . . .	. . . .
	. . . .	. . . .
5. Écris ta dictée:	. . . .	a acheté. . . . .
	. . . .	
6. Recopie 2 fois les mots fautifs de ta dictée:	. . . .	. . . .
	. . . .	. . . .
	. . . .	. . . .
	. . . .	. . . .
	. . . .	. . . .

Dictée 9

1. Des petits mots à bien connaître. Recopie-les 5 fois:

car beaucoup bien

....

....

....

....

....

2. Écris la phrase qui correspond au dessin.

- Il a fait un bonhomme de neige.
- Elle a cassé sa montre.
- Il a coupé la pomme.

....

....

....

....

....

....

3. Recopie les mots de l'exercice 4, page 17:

....

....

4. Écris le nom de l'objet sous son dessin:

. . . .

. . . .

5. Recopie 3 fois les mots suivants:

faire

. . . .

. . . .

. . . .

casser

. . . .

. . . .

. . . .

couper

. . . .

. . . .

. . . .

neiger

. . . .

. . . .

. . . .

6. Écris ta dictée

. . . .

7. Recopie 2 fois les mots fautifs de ta dictée dans ton cahier.

. . . .

Dictée 10

	***masculin ou féminin ?***
	Ex.: un joli garçon - une joli**e** fille
1. Complète par un des mots entre parenthèses():	
(petit - petite)	- Un . . . . lapin
(joli - jolie)	- Une . . . . poupée
(rond - ronde)	- Une balle . . . .
(lourd - lourde)	- Un . . . . cartable
2. Recopie 1 fois les mots de l'exercice 4, page 19:	. . . .
3. Complète par un des mots suivants: bouche - cour - jour - poule - roue.	- Lundi est un . . . . .de la semaine. - Il a perdu une. . . . . .de son vélo. - Je joue dans la . . . . de l'école. - La . . . . cherche un ver de terre. - Il porte le fruit à la . . . .

Dictées

	Voici les dictées qui correspondent chacun des chapitres.
Dictée 1	Maman dort et papa rit.
Dictée 2	La voiture va plus vite que le vélo.
Dictée 3	La dame lit et chante.
Dictée 4	La balle est sous la table et le vélo est dans l'armoire.
Dictée 5	Il est venu en auto avec son chien.
Dictée 6	Dans la voiture, il y a un cadeau pour maman.
Dictée 7	Le chat mange un oiseau sous la table.
Dictée 8	Alors, papa a acheté un gros camion pour son petit garçon.
Dictée 9	Le petit enfant pleure car on a cassé son bonhomme de neige.
Dictée 10	La poule rousse a trouvé un ver de terre pour son poussin dans la cour.

Dictée 11	Léon fait un tour en avion. Il montre les maisons et les camions qui sont tout petits.
Dictée 12	Le dimanche est un beau jour: on mange, on chante, on danse. Les enfants sont contents.
Dictée 13	Il était une fois un roi qui se promenait dans les bois, pour voir son ami l'oiseau noir.
Dictée 14	Tu chasses les lapins qui sont cachés sous les sapins, au fond de ton jardin.
Dictée 15	Depuis huit jours, il y a beaucoup de bruit dans la rue.
Dictée 16	Nous aimons quand il neige. Nous sortons alors de la maison et faisons un bonhomme de neige.
Dictée 17	Nous avons caché le chapeau de Madame dans son bureau. Elle a beaucoup ri.
Dictée 18	Nous avons acheté au marché des oranges, des œufs et des légumes pour faire une bonne soupe.
Dictée 19	Avant le souper, Magali joue dans sa chambre avec sa poupée. Elle lui donne à boire.

Corrigés des exercices

Dictée 1
pages 2 et 3

2.

bébé rit

bébé pleure

bébé dort

3.

papa

bébé

maman

Dictée 2
pages 4 et 5

2.

Elle va **vite**

Il va **plus** vite

Il a **mal**

3.

vélo

voiture

avion

Dictée 3
pages 6 et 7

2.

il lit.

il chante.

il boit.

4.

un enfant

une dame

un homme

Dictée 4
pages 8 et 9

2.

la balle
est sur l'armoire.

la balle
est dans l'armoire.

la balle
est sous l'armoire.

4.

armoire

balle

table

Dictée 5
pages 10 et 11

2.

Il est venu en auto.

Il est venu à cheval.

Il est venu avec son chien.

4.

auto

chien

cheval

Dictée 6
pages 12 et 13

2.

Ici, il y a
un cadeau
pour le garçon.

Ici, il y a
un bonbon
pour la fille.

Ici, il y a
un os
pour le chien.

4.

cadeau

fille

garçon

bonbon

Dictée 7
pages 14 et 15

2.

Il y a
un chat qui joue.

Il y a une
vache qui mange.

Il y a
oiseau qui vole.

4.

vache

chat

oiseau

chien

Dictée 8
pages 16 et 17

2.

C'est un grand bateau.

C'est un petit vélo.

C'est un gros camion.

Dictée 9
pages 18 et 19

2.

Il a coupé
la pomme.

Il a fait un
bonhomme de neige.

Elle a cassé
sa montre.

4.

pomme

bonhomme
de neige

montre

Dictée 10
pages 20 et 21

1. un **petit** lapin
une **jolie** poupée
une balle **ronde**
un **lourd** cartable

3. Lundi est un **jour** de la semaine. Il a perdu une **roue** de son vélo. Je joue dans la **cour** de l'école. La **poule** cherche un ver de terre. Il porte le **fruit** à la bouche.

5.

un ver

la poule

un poussin

Dictée 11
pages 22 et 23

1.

des fruits

des œufs

une orange

une poire

3. Tu joues au **ballon** avec ton ami.
Elle suce un **bonbon** au chocolat.
J'habite dans une grande **maison**.
L'**avion** vole dans le ciel.
Dis **bonjour** à la dame.

Dictée 12
pages 24 et 25

1. des mouchoir**s** propre**s** - des bon**s** livre**s** - des belle**s** cartes - de**s** lit**s** bien chaud**s** - des pain**s** blanc**s**

2. Mon bijou est en or. - Mon cahier est en papier. - Mon banc est en bois. - Mon pull est en laine. - Un clou est en fer.

3. **mots avec «en»:** attendre, content, enfant, entrer, vendre
mots avec «an»: blanc, branche, chanter, dimanche, enfant, manger

Dictée 13
pages 26 et 27

1. du café noir
des bois noir**s**
une voiture noir**e**
des pianos noir**s**
un chat noir
une encre noir**e**
des fumées noir**es**
des chocolats noir**s**

4.

poisson

toit

moineau

boîte

Dictée 14
pages 28 et 29

1. Tu **aimes** ta maman. Il **aide** à faire la vaisselle. Tu **chantes** dans ton bain. Elle **demande** son chemin. Il **lave** sa voiture.

5.

lapin

singe

dindon

moulin

3. Nous décorons le sapin de Noël. Nous avons cinq doigts. Il a fait un beau dessin. Elle demande son chemin. Il y a de jolies fleurs dans mon jardin.

Dictée 15
pages 30 et 31

1. nous venons
nous lavons
nous portons
nous jouons
nous marchons
nous donnons

5.

Parapluie

fruits

truite

3. Oui ou non, vas-tu obéir ?
Depuis deux jours, il neige.
4 ı 4 = huit.
Il fait du bruit avec son tambour.
Maman prépare le repas dans la cuisine.

Dictée 16
pages 32 et 33

1. vous achetez
vous arrivez
vous allez
vous coupez
vous criez
vous dormez

4.

baleine

traîneau

laisse

araignée

2.

Elle balaie la maison.

Il aide sa maman à faire le ménage.

Il neige à gros flocons.

Dictée 17
pages 34 et 35

1. Tu arrives toujours à l'heure.
Vous demandez votre chemin.
Tu marches sur le trottoir.
Nous jouons dans la cour.
Vous portez une jolie robe.

2. **mots avec «au»:** aussi, auto, autre, chaud, haut
mots avec «eau»: bateau, beaucoup, bureau, cadeau, chapeau, oiseau

Dictée 18
pages 36 et 37

1.

table

oiseau

bateau

cadeau

1.

la fille	l'animal
le poisson	l'image
l'auto	le pain
l'après-midi	l'armoire
l'école	la table

2. **ça se boit:** café, lait, soupe, vin
ça se mange: fruit, légume, œuf, orange, poire, poisson, sucre

4.

lait

légumes

œufs

orange

Dictée 19
pages 38 et 39

1.

du vin chaud	de l'eau chaude
une pluie chaude	des pierres chaudes
du lait chaud	un chocolat chaud
des marrons chauds	des pains chauds
un café chaud	les saisons chaudes

2. **mots avec «b»:** ballon, bateau, bonhomme, chambre, jambe
mots avec «p»: lapin, pomme, poule, poupée, soupir

6. Magali donne à boire à sa poupée, dans sa chambre, avant de souper.
Puis, elle joue.

4. Recopie 3 fois les mots suivants:

lourd ....
poupée ....

....

....

cour ....
bouche ....

....

....

5. Écris le nom sous chaque dessin:

....

....

6. Écris ta dictée:

....

....

Dictée 11

un seul ou plusieurs ?

Ex.: une mouche - des mouches

1. Complète d'après le dessin:

des. . . . .
(fruit - fruits)

des. . . . .
(œuf - œufs)

une. . . . .
(orange - oranges)

une. . . . .
(poire - poires)

2. Recopie les mots de l'exercice 5, page 21:

. . . .

. . . .

3. Complète par un des mots suivants: maison, bonjour, ballon, avion, bonbon.	- Tu joues au. . . . . .avec ton ami. - Elle suce un . . . . .au chocolat. - J'habite dans une grande . . . . - L' . . . . vole dans le ciel. - Dis . . . . .à la dame.
4. Copie 3 fois:	camion content . . . . maison bon . . . .
5. Écris ta dictée:	. . . . tour . . . . sont tout. . . . .

Dictée 12

un seul ou plusieurs ?

Ex.: une sale mouche -
des sale**s** mouche**s**

1. Écris au pluriel:	
un mouchoir propre:	des. . . . .
un bon livre:	des. . . . .
une belle carte:	des. . . . .
un lit bien chaud:	des. . . . . bien . . . .
du pain blanc:	des. . . . .
2. Complète par un des mots de "matière" suivants:	Mon bijou est en . . . .
fer, laine, or, papier, bois.	Mon cahier est en . . . .
	Mon banc est en . . . .
	Mon pull est en . . . .

3. Écris les mots suivants dans la colonne correspondante du tableau:

attendre, blanc, branche, chanter, content, dimanche, enfant, entrer, manger, vendre.

mots avec «en»	mots avec «an»
. . . .	. . . .
. . . .	. . . .
. . . .	. . . .
. . . .	. . . .
. . . .	. . . .
. . . .	. . . .

4. Recopie 3 fois:

vendre	dimanche
. . . .	. . . .
. . . .	. . . .
. . . .	. . . .

demander

. . . .

. . . .

. . . .

5. Écris ta dictée:

. . . .

. . . .

. . . . . . sont . . . .

Dictée 13

masculin - féminin/singulier - pluriel?

Ex.: un grand frère - une grand**e** sœur
des grand**s** frère**s** - des grande**s** sœur**s**

1. Complète par

noir - noire -
noirs - noires.

du café. . . . . des bois . . . .

une voiture. . . . . des pianos . . . . . .

un chat. . . . . une encre. . . . . . .

des fumées. . . . . des chocolats . . . .

2. Recopie 1 fois les mots de l'exercice 4, page 25:

. . . .

. . . .

3. Complète par un des mots suivants:

bois - froid -
oiseau - roi -
trois

La reine est l'épouse du . . . .

En hiver, il fait . . . .

Le moineau est un . . . .

2 + 1 = ...

Promenons-nous dans le . . . .

4. Écris les noms suivants à la bonne place:

une boîte,
un moineau,
un poisson,
un toit.

. . . .

. . . .

5. Écris 2 fois:

devoir

. . . .

. . . .

fois

. . . .

. . . .

voir

. . . .

. . . .

avoir

. . . .

. . . .

6. Écris ta dictée.

. . . . était . . . .

. . . . promenait . . . .

. . . .

Dictée 14

	***je, il, elle* → ☐ + *e* *tu* → ☐ + *es***
	je joue il joue elle joue tu joues
1. Complète par un des mots entre parenthèses:	
(aime - aimes):	Tu. . . . . .ta maman.
(aide - aides):	Il . . . . à faire la vaisselle.
(chante - chantes):	Tu. . . . . dans ton bain.
(demande-demandes):	Elle. . . . . son chemin.
(lave - laves):	Il. . . . . sa voiture.
2. Recopie une fois les mots de l'exercice 5, page 27:	. . . .
3. Complète par un des mots suivants: cinq, chemin, dessin, jardin, sapin.	Nous décorons le . . . . .de Noël. Nous avons. . . . . doigts. Il a fait un beau. . . . . .pour maman. Elle s'est perdue; elle demande son. . . . . Il y a de jolies fleurs dans mon . . . .

4. Recopie 2 fois.	demander	chemin . . . .
	jardin	dessin . . . .
5. Écris les mots suivants sous les dessins: un dindon, un lapin, un moulin, un singe.		 . . . .
		 . . . .
6. Écris ta dictée. Pour t'aider: ils sont cachés, le fond.	. . . .	

Dictée 15

nous* → ☐ + *ons

Ex.: chanter → nous chantons

1. Écris correctement le verbe:

venir: nous. . . . .

porter: nous . . . .

marcher: nous. . . . .

laver: nous . . . .

jouer: nous . . . .

donner: nous . . . .

2. Recopie les mots de l'exercice 5, page 29:

. . . .

. . . .

3. Complète avec un des mots suivants:

bruit, cuisine, depuis, huit, oui.

. . . . ou non, vas-tu obéir ?

. . . . .deux jours, il neige.

4 + 4 = ... Il fait du. . . . . . .

avec son tambour. Maman prépare

le repas dans la . . . .

4. Recopie 2 fois.

cuisine ....

huit ....

bruit ....

depuis ....

5. Écris les mots suivants sous les dessins:

des fruits,
un parapluie,
la truite.

....

....

....

6. Écris ta dictée.

....

....

....

7. Écris 1 fois les mots fautifs de ta dictée:

....

....

Dictée 16

nous → ☐ + ***ez***

Ex.: chanter → vous chant**ez**

1. Écris le verbe correctement:

acheter: vous . . . .

aller: vous. . . . .

crier: vous. . . . .

arriver: vous . . . .

couper: vous . . . .

dormir: vous. . . . .

2. Recopie la phrase qui correspond à chaque dessin:

Il neige à gros flocons.
Il aide sa maman à faire le ménage.
Elle balaie la maison.

. . . .

. . . .

. . . .

. . . .

3. Recopie 1 fois les mots de l'exercice 4, page 31:	. . . .	. . . .
4. Écris sous chaque dessin un des mots suivants: une araignée, une baleine, une laisse, un traîneau.	 . . . . 	 . . . .  . . . .
5. Écris 2 fois:	la neige . . . . faire	aider . . . . la maison . . . .
6. Écris ta dictée. Pour t'aider: quand.	. . . .	

Dictée 17

Rappel **→** ***tu*** ☐ + ***es***

nous ☐ + ***ons***

vous ☐ + ***ez***

1. Ajoute la bonne terminaison du verbe:

Tu arriv. . . . . toujours à l'heure.

Vous demand . . . . votre chemin.

Tu march . . . . sur le trottoir.

Nous jou . . . . dans la cour.

Vous port . . . . une jolie robe.

2. Écris les mots suivants dans la colonne correspondant du tableau:

aussi, auto, autre, bateau, beaucoup, bureau, cadeau, chapeau, chaud, haut, oiseau.

mots avec «au»	**mots avec «eau»**
. . . .	. . . .
. . . .	. . . .
. . . .	. . . .
. . . .	. . . .
. . . .	. . . .
. . . .	. . . .

3. Recopie 1 fois, les mots de l'exercice 5, page 33:

. . . .

4. Écris 3 fois le nom qui représente le dessin:

. . . .

. . . .

5. Écris ta dictée:

. . . .

Dictée 18

Devant « a », « e », « i », « o », « u »,
→ la et le deviennent « l' »

Ex.: un ami — l'ami — un enfant — l'enfant — un oiseau — l'oiseau

1. Complète par ***« le, la*** *ou* ***l' »:***

une fille: . . . . fille — un animal: . . . . .animal

un poisson . . . . . . poisson — une image:. . . . . . image

une auto: . . . . auto — un pain: . . . . pain

une après-midi: . . après-midi — une armoire: . . . . armoire

ecole:. . . . . école — une table:. . . . . . . table

2. Écris les mots suivants dans la bonne colonne:

café, fruit, lait, légume, œuf, orange, poire, poisson, soupe, sucre, vin.

ça se boit	**ça se mange**
. . . .	. . . .
. . . .	. . . .
. . . .	. . . .
. . . .	. . . .
. . . .	. . . .
. . . .	. . . .

3. Recopie les mots de l'exercice 4, page 35:	. . . .	. . . .
4. Écris 3 fois le nom qui représente le dessin: du lait, des légumes, des œufs, une orange.	 . . . . 	 . . . .  . . . .
5. Écris ta dictée. Pense au pluriel et à «nous», le marché.	. . . .	

Dictée 19

Va relire à la page 26.

1. Complète par:

chaud - chauds-
chaude - chaudes.

du vin . . . .

de l'eau . . . .

une pluie . . . .

des pierres . . . .

du lait . . . .

un chocolat . . . .

des marrons . . . .

des pains . . . .

un café . . . .

les saisons . . . .

2. Écris les mots suivants dans le tableau:

ballon, bateau, bonhomme, chambre, jambe, lapin, pomme, poule, poupée, soupir.

mots avec «b»	**mots avec «p»**
. . . .	. . . .
. . . .	. . . .
. . . .	. . . .
. . . .	. . . .
. . . .	. . . .

3. Écris les mots de l'exercice 4, page 37:	....
4. Recopie 2 fois les mots suivants:	la jambe — le lapin .... le souper — la chambre ....
5. Écris ta dictée. Pour t'aider: avant ou après, Magali, à manger.	....
6. Corrige la dictée suivante puis recopie-la sans faute. (ton copain ou ta copine a fait 4 fautes)	Magali done a boire à sa poupée, dans sa champre, avant de soupé. Puis, elle joue. ....

Place Baudouin Ier, 2
5004 Bouges

ISBN 978-2-87441-131-1
D/2009/3030/40